Essais Politiques

LA RECHERCHE DU VRAI

MONARCHIE ET RÉPUBLIQUE

LES COUPS D'ÉTAT

PAR

H. LE JANNIC DE KERVIZAL

(Cte DU B.....)

Fais ce que dois; advienne que pourra.

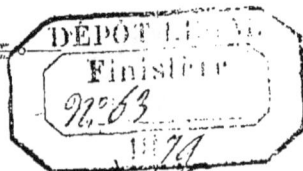

BREST

Imprimerie L. ÉVAIN-ROGER, rue Saint-Yves, 32.

OCTOBRE 1879

Essais Politiques

——⟶✦⟵——

LA RECHERCHE DU VRAI

———

MONARCHIE ET RÉPUBLIQUE

———

LES COUPS D'ÉTAT

PAR

H. LE JANNIC DE KERVIZAL

(Cᵗᵉ DU B.....)

Fais ce que dois ; advienne que pourra.

——⟶✦⟵——

BREST

Imprimerie L. ÉVAIN-ROGER, rue Saint-Yves, 32.

———

OCTOBRE 1879

AVANT-PROPOS

Cédant à d'instantes sollicitations et aux encouragements de la presse qui n'a pourtant eu connaissance de mes brochures que par des indiscrétions, je me décide à les livrer au public sous mon nom légal, persuadé qu'elles seront aussi bien accueillies que sous le nom de famille que j'avais d'abord adopté pour des raisons toutes particulières.

Mes trois opuscules, qui s'enchaînent dans un même ordre d'idées, pourraient plus tard être fondus en un seul volume portant pour titre : La Vraie République, ou La République Française.

En effet, j'ai cherché à y rallier :

1° La Noblesse, en lui faisant comprendre qu'elle ne devait pas songer à retourner au passé, qu'elle devait s'accommoder du présent, et qu'elle pouvait, sous la République, occuper une place importante ;

2° Le Clergé, en lui signalant les dangers de l'Ultramontanisme et en lui faisant voir qu'en revenant à la vraie tradition des Apôtres, à la démocratie spirituelle, loin d'être incompatible avec nos institutions actuelles, l'Eglise pouvait en devenir le plus ferme soutien et gagner en respect et en autorité.

Maintenant, dans cette troisième brochure, il me reste à démontrer le développement de la démocratie, jusqu'à son triomphe définitif, qui rend désormais vaines toutes les tentatives des partis hostiles.

Les premières pages que j'adresse à mes amis ayant un caractère intime, pourraient à la rigueur être négligées par les lecteurs qui, pour entrer immédiatement dans le vif de la question, pourraient passer au chapitre « Monarchie et République ».

H. LE JANNIC de KERVIZAL.

LA RECHERCHE DU VRAI

A mes Amis

Voici ma troisième brochure, et ce ne sera sans doute pas la dernière si elle reçoit un accueil aussi bienveillant que les deux autres. Je dois à mes vieux amis, avant de continuer, des explications sur le mobile qui me pousse à livrer à la presse ces opuscules. Parmi ces amis, il y en a de vieille origine bretonne; esprits solides et droits, cœurs dévoués et généreux, animés de tous les sentiments chevaleresques de leur race, et appuyés sur leurs anciennes traditions aussi fermement que, sur nos grèves, le granit qui défie le tumulte des flots. Que leur modestie permette à une amitié sincère de rendre ici un tribut d'hommages mérités à leurs caractères si bien faits pour soutenir le vieux renom de la franchise bretonne !

Tous me connaissent de trop longue date pour douter, j'en suis sûr, de la droiture de mes intentions; mais, enfin, je les entends se demander à quelle influence je cède et à quel but je tends.

Serais-je tourmenté par des visées ambitieuses ? Quelques-uns l'ont dit. Ce serait peu me connaître ; les fumées de la vanité n'ont pas encore troublé ma raison à ce point. Pour devenir un homme politique et influent, il faut d'autres mérites que les miens, et qui soient surtout rehaussés par le prestige d'une grande situation ou d'une fortune brillante, en un mot par tout cet éclat extérieur et cette mise en scène qui frappe et éblouit les masses et nous attire leur dévotion. L'argent, mes amis, est

2

un puissant levier, c'est le nerf de toute guerre, et peu s'en faut qu'il ne donne même de l'esprit à ceux qui n'en ont point.

Vous vous récriez, et avec raison. En effet, pour juger un homme à sa valeur réelle, intrinsèque, il faut, comme le conseille Montaigne, le dépouiller de tout ce qui n'est pas lui, et dans cet état de nudité morale, peser ses qualités et ses défauts, absolument comme on débarrasse un cheval qu'on désire acheter du harnais éclatant qui pourrait dissimuler ses imperfections. Ah ! combien alors, au milieu de cette opulence, trouverions-nous de déshérités plus à plaindre que ceux dont la misère et les haillons excitent notre compassion !

Mais avons-nous assez de sangfroid et de philosophie pour juger ainsi un homme ? Non ; l'or brille toujours pour le commun des mortels qui se laissent fasciner et ensorceler par ses miroi= tements magiques.

Ainsi, mes amis, l'ambition ne saurait me tourmenter ; je n'ai pas ce qu'il faut pour monter au Capitole. Dois-je le regretter ? la roche Tarpéienne est si près, qu'en vérité il faut être poussé par la fatalité pour tenter l'escalade de ce sommet plein d'honneurs et de périls. Mon ambition ne va pas si haut; j'avouerai même qu'après avoir pendant vingt ans observé le monde à tous les degrés de sa hiérarchie sociale et politique, je n'ai de ce long examen retiré qu'une profonde indifférence pour ces faveurs de la fortune qui excitent à un si haut point les convoitises, les soucis et les regrets des ambitieux. Peu s'en faut que je ne me contente, comme Diogène, d'un tonneau et d'un rayon de soleil, pourvu qu'aucun Alexandre, grand ou petit, ne vienne me gêner de son ombre.

De là, mes amis, il ne faudrait pas conclure que je veuille me condamner à une retraite oisive et inutile ; on peut chérir la solitude et l'indépendance et, sans renier son caractère ni même son originalité, mettre le fruit de son expérience au profit de tous. C'est ce que j'essaie de faire du fond de mon tonneau.

J'écris donc en amateur, et d'autant plus librement que je ne suis inféodé à aucune coterie ; prenant le bien partout où je le trouve, j'exprime mes opinions dans toute leur sincérité, sans prétendre les croire infaillibles ni les imposer, mais aussi, sans m'inquiéter de ce que l'on peut en dire ou en penser ; m'efforçant toujours de ne jamais m'écarter de la modération et d'éviter toute expression blessante, même lorsque l'ardeur de la discussion m'entraîne à la véhémence. La forme m'embarasse peu ; l'harmonie de la phrase est le moindre de mes soucis, je ne prétends pas à l'Académie, je cède simplement au besoin irrésistible que j'éprouve d'épancher tous les sentiments qui débordent de mon cœur et de jeter à tous les vents du Ciel les idées fécondes que peut m'inspirer l'amour de la justice et de la vérité. Toutes ne germeront pas certainement ; mais il suffirait qu'une seule tombât dans un cerveau bien préparé, pour rapporter au centuple comme le grain de la parabole. Au surplus, mes amis, je ne me pose ni en apôtre ni en prophète, nul, du reste, ne l'est dans son pays, et soyez certains que dans ce genre de distraction que j'ai choisi, puisque nous sommes tous souverains, souverain moi-même et n'ayant à m'incliner devant aucune autre majesté que celle de la Loi, je n'écoute pour écrire que mon bon plaisir, choisissant mon heure et mon agrément.

Que la Liberté est belle ! que l'Indépendance est douce ! Vraiment je ne puis que déplorer cette ancienne habitude que nous conservons, vieux vestige des coutumes courtisanesques de l'antique monarchie, de nous courber platement devant toute personnalité protectrice qui peut nous pousser de l'épaule, au lieu d'essayer de parvenir par nous-même et de nous contenter de la part modeste qui nous est due, selon l'adage : à chacun selon ses mérites. Si nous y perdons en honneurs et en biens, du moins y gagnerons-nous en dignité et en fierté. Croyez-moi, le respect de soi-même a une valeur que ne compense pas les avantages que nous retirons de notre servilité ni de l'oubli de nous-mêmes. Chacun de nous dans son vote tient le sceptre, n'oublions donc pas ce que nous devons à notre propre majesté. Comme tout bon prince, je dois nécessairement m'inquiéter du bonheur et de la prospérité de mon pays ; mais je comprends le véritable patriotisme à la manière des Cincinnatus et des La Tour-d'Auvergne, dont les mains désintéressées étaient toujours prêtes, le moment venu, à combattre pour la Patrie. Ces temps héroïques sont passés ; pour le moment c'est avec la pensée et la discussion que nous devons combattre (1).

Pour cela, nous devons nous placer à un point de vue philosophique au-dessus de ces compétitions qui divisent les hommes et les font ressembler, passez-moi l'expression, à une meute affamée se disputant un os. Rencontrant partout des gens de cœur, d'esprit et d'intelligence, je me suis dit que ces hommes étaient faits pour s'entendre, qu'il devait y avoir entre eux des malentendus, et que pour en arriver à ce degré d'hostilité, il fallait que pour les uns la Vérité, qui doit cependant être la même pour tous, eût été bien obscurcie par les préjugés, les superstitions, les sophismes et l'ignorance ; et que chacun, dans l'intérêt de la concorde générale, devait s'efforcer de dégager cette Vérité des erreurs qui la dénaturent, afin de la rendre aussi lumineuse que possible dans la mesure bornée de nos moyens.

C'est donc simplement une œuvre de conciliation, de rapprochement et de paix que j'essaie d'entreprendre, et si le succès ne couronne pas mes faibles efforts, du moins, je l'espère, on me tiendra compte d'une intention aussi louable.

Il faut donc rechercher la Vérité. L'amour et la recherche de la Vérité, c'est la grande fin de l'homme ici-bas ; mais, pour réussir dans cette rude tâche, il est indispensable de puiser dans l'arsenal des connaissances déjà acquises par les générations qui nous ont précédés. Nos pères, aussi intelligents, aussi

(1) Ne pas confondre le désintéressement avec l'indifférence ou l'abstention. Il est certain que l'on doit à son pays les services qu'il réclame de nous et qu'on croit pouvoir lui rendre.

Compris autrement, le désintéressement serait de l'égoïsme et un défaut au lieu d'être une qualité, Cincinnatus et La Tour-d'Auvergne, étaient désintéressés, mais n'hésitaient pas à répondre à l'appel de leurs concitoyens, lorsqu'ils pouvaient leur être utiles.

spirituels et sans contredit plus aimables que nous, nous ont laissé un vaste et riche héritage. Si on y trouve quelques défroques vieillies et démodées, on y rencontre aussi des choses bonnes et utiles, qui peuvent parfaitement s'adapter aux nécessités du jour. Ne faisons pas table rase, continuons seulement l'édifice qu'ils ont commencé ; du jour au lendemain on ne crée pas d'un bloc un ordre social ; l'esprit et les habitudes d'un peuple ne se transforment que lentement, avec le temps et la persuasion.

Mes amis, je l'ai dit dans une autre brochure : Le monde a été livré à la discussion des hommes ». Pour persuader, il faut discuter ; et pour discuter il faut connaître. Or, nous avons une tendance fâcheuse : c'est de ne vouloir lire que les livres ou les journaux, de n'écouter que les personnes qui flattent nos convictions. De cette façon, nous n'entendons qu'une cloche, et, si elle est fêlée, habitués à l'entendre, nous finissons par prendre une note fausse pour une note juste. Cependant, de tout ce carillon qui se fait autour de nous, et dont quelques notes isolées peuvent nous déplaire, se dégage un son général, plus accentué et harmonique, qui n'est que l'expression de l'idée dominante, de l'opinion publique réelle, qui fait la vérité du jour ; car la vérité absolue, nous ne la possédons pas, je l'ai déjà dit ailleurs ; nous tâtonnons pour y arriver, et c'est ce qui s'appelle la marche du progrès.

Quant à moi, mes amis, j'ai depuis longtemps secoué ces scrupules : les bons et les mauvais livres, comme on les appelle, et, dans le même sens, les bons et les mauvais journaux, ont constamment et indistinctement passé entre mes mains ; de bonne foi, je recherche cette vérité que tant de problèmes entourent, dans l'ordre moral, physiologique ou politique.

Les philosophes de l'antiquité ne m'ont point fait négliger les pères de l'Eglise ; lisant les maximes d'Epictète, j'ai souvent rêvé de l'Evangile ; dans les moralistes orientaux, j'ai rencontré parfois un esprit de douceur, d'abnégation et de charité qui manquait quelquefois aux nôtres, souvent empreints de l'égoïsme de leur époque et de la raillerie gauloise ; les querelles des rhéteurs m'ont rappelé les controverses religieuses de nos premiers apôtres, et la voix éloquente des grands orateurs chrétiens, aussi bien au milieu de l'effondrement des vieilles sociétés païennes qu'en face de l'épanouissement de la royauté de droit divin, ne m'a pas non plus empêché de prêter une oreille attentive à la dialectique vive et serrée des encyclopédistes ni des philosophes modernes.

Il faut, mes amis, tout lire, tout voir, tout entendre, et comparer avec impartialité. Pensez-vous que dans cette lutte d'idées ou de systèmes contradictoires, ma Foi ait été atteinte ? Elle n'en est sortie que plus ferme et plus éclairée ; elle s'est débarrassée de quantité de puérilités dans lesquelles se noie la raison d'une infinité de gens, dont les meilleures intentions et les aspirations généreuses sont souvent paralysées par des considérations mesquines, pour ne pas dire niaises.

Mais j'oublie, mes amis, que je ne dois m'occuper que de politique, et qu'il est temps de sortir de ces spéculations philosophiques et générales pour rentrer dans le sujet que je traite particulièrement.

Toute cause défendue suppose un plan, une méthode, des idées coordonnées. Mes deux premières brochures ont évoqué deux grandes idées du passé : la Noblesse et le Gallicanisme ; et comme, entre le passé et le présent, la Révolution a creusé un abîme désormais infranchissable, j'ai essayé de démontrer par quelles concessions mutuelles ou par quel retour au véritable esprit de ces institutions, la Noblesse et le Clergé pouvaient se réconcilier avec l'état présent, car je crois la chose praticable, et à ceux qui en douteraient, je répondrai qu'il est impossible d'arracher à un peuple le sentiment aristocratique, pas plus que le sentiment religieux, à moins de le ramener à la barbarie !

L'aristocratie, en effet, n'est-elle pas l'essence même, la crême de la démocratie ? la fine fleur, le dessus du panier ? Quand je dis aristocratie, ne croyez pas que je parle seulement de la noblesse de nom, mais bien de cette pléiade d'hommes

d'élite qui, par leurs services, leur talent, leur capacité, leur
dévouement, leur travail, parviennent aux plus hautes situations
des conditions humaines ; la véritable aristocratie comporte : la
probité, la bienveillance, l'amour de la justice, de la vérité, de
la patrie, en un mot toutes ces hautes qualités du cœur et de
l'intelligence qui forment les personnalités puissantes ; et quand
tous ces mérites sont mis en relief par un vieux nom, une
tradition honorable de famille, je ne vois pas, en vérité, en quoi
les purs de la démocratie, les fantoccini des bas-fonds s'en
effaroucheraient, car, à leur insu, eux-mêmes sont tourmentés
de cet instinct aristocratique inhérent à notre race.

Ainsi, mes amis, quand sur votre chemin le déclassé croit
vous injurier en vous traitant d'aristocrate, il vous rend plutôt un
hommage. C'est comme s'il vous disait : « en tout je reconnais
votre supériorité, la distance qui nous sépare ; je voudrais être
votre égal, mais, incapable de m'élever à votre niveau, je trouve
plus commode de vous rabaisser et de vous accabler de mes
invectives. » Votre mépris doit être au-dessus de ces injures ;
imitons le César romain qui, sous le poids des outrages, se
portait simplement la main au front, en disant à ses amis qui
l'engageaient à sévir : Je ne me sens pas atteint ! Faisons comme
lui, ne tenons pas compte des imprécations de cet ange déchu,
excité à son insu par l'orgueil de son origne qu'il trahit
malgré lui, par le dépit d'en être dépossédé, et ayons le
courage de notre conviction, et de proclamer que tous nous
sommes aristocrates d'instinct, de tendance, mais en reconnais-
sant toutefois que l'aristocratie, au lieu de constituer une caste
comme dans le passé, doit désormais se fondre dans la démocratie, s'unifier avec elle, pour n'en être que l'émanation libre
et directe ; en un mot l'expression la plus élevée et la plus noble.

Tenez, mes amis, c'est ici le lieu de vous dire que la fameuse
question sociale elle-même, dont on effraie les uns et dont on
leurre les autres, n'est, dans sa plus simple expression, qu'une
aspiration vers l'aristocratie. La question sociale existe toujours
dès qu'une société s'est constituée ; mais ne croyez pas qu'elle ne

se réduise qu'à un simple problème, dont la solution trancherait toutes les difficultés qui entourent la vie humaine. A quoi, en effet, se résoud la question sociale, pour chacun de nous ? A établir ici-bas notre existence dans les conditions les meilleures. Or, déjà là, que de nuances, suivant les goûts, les aptitudes et les tempéraments de chacun ! Ce qui plaît à l'un déplaît à l'autre, et il arrive qu'au lieu d'avoir une seule solution à chercher, on en a autant que comporte cette multiplicité, cette variété de talents, de professions, de branches industrielles, qui constituent l'activité humaine, la vie sociale. Il est évident qu'une question aussi complexe ne peut se résoudre que successivement, dans chacune de ses parties, et par conséquent avec du temps. Il est donc absurde de vouloir, du jour au lendemain, décréter le bonheur parfait, et, à vrai dire, le moyen le plus prompt et le plus sûr pour y arriver consiste surtout à réformer nos mœurs et à retremper nos caractères. Mais cette tendance à devenir meilleur, à s'élever, n'est-elle pas le mobile même de l'aristo-cratie, telle que je l'ai définie ? Pauvre peuple, dont la simplicité et la bonne foi sont abusées, trahies, par des mots, par des phrases sonores et vides ! Non, du soir au matin tous les utopistes du monde ne pourraient résoudre, comme ils l'en-tendent, la question sociale, par cela même qu'au lieu d'attaquer le mal dans sa racine, c'est-à-dire de combattre les passions, ils ne font au contraire qu'exciter les appétits et les convoitises en même temps. Ah ! si l'on pouvait pénétrer la pensée intime de la plupart de ces hommes qui, par des promesses illusoires, cherchent à se rendre populaires, on y trouverait exprimé ce désir ardent : nous voulons dominer, devenir des aristocrates, nous faire place, en un mot, dans les sommités de la démocratie.

En effet, mes amis, tout émane aujourd'hui de la démocratie ; elle règne, elle gouverne, elle déborde de toutes parts ; et l'Histoire va nous montrer ses conquêtes successives et son triomphe définitif.

Je parle de l'Histoire ! Malheureusement nous ne la savons pas, ou nous la comprenons mal. Notre mémoire s'enrichit de dates, de faits, de récits de batailles, qui se déroulent à nos yeux comme une série de tableaux, dont nous ne pénétrons pas le sens. Dans toute cette compilation, l'idée nous échappe ; le lien qui sert à enchaîner tous ces événements, dont chacun a une cause déterminée et antérieure, car tous procèdent d'une logique inexorable, ne fixe ni notre attention ni notre méditation. Nous vivons au jour le jour, et l'homme s'agite inconscient dans le chaos de luttes incessantes, sans songer qu'au-dessus de ces tempêtes humaines brille, comme une étoile, une idée supérieure que la violence de nos passions dérobe à nos regards. Elargissons donc notre horizon ; élevons notre pensée au-dessus de nos préjugés et de notre égoïsme, pour arriver, autant que possible, à la connaissance de cette idée qui se dégage des enseignements de l'Histoire.

Que voyons-nous dans nos annales ?

Partout la lutte sans trêve entre le Droit et la Force. Le Droit, incontestablement, est inséparable de devoirs, et l'oubli de ces devoirs, soit qu'il vienne des détenteurs du Droit, ou de ceux qui l'invoquent, amène fatalement l'intervention de la Force : oppressive lorsqu'elle prime le Droit, ou libératrice lorsqu'elle l'affranchit. Quelquefois la Force paraît triompher, mais soyez sûrs que sa victoire n'est qu'éphémère ; les événements disent assez que le dernier mot reste toujours aux revendications justes et légitimes, c'est-à-dire au Droit. Il n'en saurait être autrement, car le Droit étant d'essence divine et éternelle, ne peut en quelque sorte subir indéfiniment le joug d'une idée injuste, appuyée sur la Force, ou alors autant convenir que la justice n'est qu'un leurre, et que Dieu n'existe pas.

Ainsi donc, toute cette multitude, cette matière vivante qui s'appelle le monde, peut grouiller, fermenter, et sous l'influence des passions dégager les forces, les courants les plus contraires ; répandre à flots le sang des batailles et des guerres civiles ; au-dessus de cette conflagration universelle, de ces luttes ardentes, le Droit, toujours immuable et imprescriptible comme un rayon qui perce la nue, brillera pour ramener l'humanité dans la vraie voie des destinées mystérieuses qui lui ont été tracées dans les décrets éternels.

Je ne doute pas, mes amis, que vous ne saisissiez bien ma pensée, et que vous ne compreniez enfin, que les idées gouvernent le monde, et non la force brutale que nous mettons si volontiers au service de nos appétits égoïstes. Voilà pourquoi, malgré le vœu secret de quelques-uns, il est insensé de vouloir asseoir un gouvernement sur des bayonnettes, s'il n'a pas pour lui l'assentiment de l'opinion publique, « les chassepots partiraient tout seuls ». Le Droit étant donc l'idée primordiale de toute société établie, c'est à le défendre que s'applique l'énergie de chaque peuple qui, pour cela, suivant son génie et son tempéramment, choisit le système de gouvernement qui paraît lui offrir le plus de garanties pour la défense de ses droits.

Pendant des siècles, la France a vécu sous la forme monarchique, la royauté traditionnelle et de droit divin, avec une société divisée en trois castes bien distinctes. La Noblesse et le Clergé, furent les deux classes privilégiées, au détriment de la troisième, le Tiers-Etat. Toute notre histoire, n'est que la lutte lente, patiente, fructueuse, de la démocratie pour la conquête de ses droits qu'elle est parvenue à reprendre dans la bataille terrible et décisive de la Révolution ; et, depuis, pour conserver ses droits, une préférence instinctive la porte à adopter la République comme forme de gouvernement.

Vous me dites, mes amis, que ce régime est impossible, parce que la France, après quatorze siècles de monarchie, est aujourd'hui même encore imprégnée de royalisme jusqu'à la moelle des os ! et, au moment même où j'écris ces lignes, vous invoquez comme preuves, les acclamations enthousiastes de vos joyeux banquets, saluant déjà l'aurore et le retour prochain de la Royauté ! Que grande est votre illusion ! et pour répondre à cette ivresse de la joie et de l'espérance, pour réduire à néant ce rêve chimérique, je laisse la logique froide et implacable des faits historiques, trancher le différend entre « la Monarchie et la République. »

Ce sera le sujet du chapitre suivant.

MONARCHIE ET RÉPUBLIQUE

Il s'agit de savoir si la France est réellement Républicaine d'idées et d'aspirations, ou bien si la Monarchie, comme quelques-uns le prétendent, y a laissé des racines si profondes, qu'elle soit pour nous la seule planche de salut.

Depuis ma tendre enfance, j'entends répéter autour de moi que la France est monarchique jusqu'à la moelle des os et que cette forme seule de gouvernement s'impose par l'autorité de l'histoire, par quatorze siècles de gloire, de prospérité et de grandeur. A Dieu ne plaise que je veuille contester nos traditions glorieuses ; mais enfin, puisqu'on invoque l'autorité de l'histoire, elle est là pour prouver que les royautés n'ont pas eu le monopole de la gloire et que les Républiques d'Athènes, de Sparte, de Rome, de Florence, de Venise..., etc., ont eu aussi leur temps de splendeur.

Tous ces grands mots sonnent fort bien à l'oreille et font merveille dans un discours, mais il ne faut pas se payer de mots. En aucun pays, je crois, les mots n'ont plus de puissance que chez nous ; nous possédons une impressionnabilité de sens exagérée qui nous entraîne trop rapidement et sans réflexion vers tout ce qui flatte et nos yeux et nos oreilles, sans aller au fond des choses.

Certes, la gloire est le plus merveilleux talisman qui puisse donner l'essor aux enthousiasmes les plus héroïques, aux aspirations les plus généreuses et les plus fécondes, mais cette passion sublime a besoin, comme toutes les passions, d'être réglée suivant les lieux et les circonstances, autrement ce ne serait plus qu'une folie dangereuse et souvent coûteuse. Il serait insensé, pour acquérir de la gloire, d'aller se mesurer contre les ailes des moulins à vent. Aussi, sans parti-pris, envisageant de sang-froid la réalité, si nous faisons dérouler nos annales depuis nos premiers rois, mettant d'un côté tout ce qu'on appelle gloire, prospérité, grandeur, et de l'autre ce qu'il a fallu de sang, de larmes, de misères et de ruines pour constituer notre unité, on se sent pris d'effroi et de pitié pour les générations qui ont eu à traverser de pareilles tourmentes, beaucoup plus que d'admiration pour les souverains qui les ont entraînées dans ces voies sanglantes et douloureuses.

Croyez-vous donc que, dans les luttes confuses de la Féodalité, la Couronne, sondant le secret impénétrable de nos destinées, se soit toujours inspirée du sentiment de notre unité nationale pour combattre et réduire les grands feudataires ? N'en faisait-elle pas plutôt une question de sécurité et de suprématie personnelles, sans se douter qu'à son insu, à travers toutes ces agitations, elle était conduite par une force supérieure et providentielle à fonder notre unité.

Nous la possédons, c'est vrai, et il nous est bien permis, ce me semble, de connaître au prix de quelles épreuves ! L'enfantement en a été long et douloureux, inséparable de souffrances terribles ; c'est la loi suprême, qu'il s'agisse de donner la vie à un homme ou à un nouvel ordre social et politique, et il n'y a pas d'exemple, je crois, qu'une société se soit modifiée ni constituée sans de grands déchirements. Nous pouvons donc, tout en applaudissant au succès final, œuvre incontestée de la monarchie, nous demander ce que nous coûte cette unité nationale dont nous sommes si fiers à juste titre.

N'importe à quelle page de notre histoire, je ne puis trouver, sous la monarchie ancienne, une paix ni même une trêve d'une tranquillité absolue. Partout je ne vois que persécutions, rapines, concussions, brigandages, guerres interminables, durant sept ans, trente ans, un siècle ! sans compter les Croisades, Fronde, Ligue, guerres de religion, conspirations, rebellions, que sais-je, on n'en voit jamais la fin ! C'est un chaos, une tempête continuelle où se déchaînent toutes les passions les plus farouches, les plus furieuses des convoitises humaines : la Jacquerie, la Praguerie, les routiers, les grandes compagnies, les aventuriers de toutes sortes, petits et grands, courant les routes et prenant, suivant leur appétit, celui-ci une bourse, celui-là une seigneurie, en un mot le pillage du pays organisé sur une vaste échelle ! Heureux temps, que quelques-uns regrettent ! Et au milieu de ce désordre moral et matériel, la voix de l'Eglise méconnue et la Couronne, souvent impuissante, ayant fort à faire de se garder elle-même.

Voilà la vérité historique, le revers de la médaille qu'il est bon de regarder de temps en temps pour nous rappeler à la modestie quand nous parlons du passé.

Hé bien ! j'interroge votre cœur, le supposant animé de la Loi Chrétienne et Evangélique, pensez-vous que le pauvre peuple, le pauvre Jacques Bonhomme, sur qui passaient tous ces fléaux sans compter les fléaux de Dieu : la peste et la famine, comme une vague succède à une vague, et de plus, taillable et corvéable à merci, dût avoir de profondes sympathies pour un régime qui le soumettait à de si rudes assauts ? En effet, dans ces querelles de grands feudataires ou de grands seigneurs, les horions étaient toujours pour lui, et quelle que fût l'issue de la mêlée, il en payait toujours les frais.

Ce devait être une situation intolérable ; aussi, bien loin de notre époque, nous voyons poindre des velléités d'indépendance dans son âme. Il pressentait déjà les Droits de l'homme et trouvait que vraiment, à quelques sols parisis, sa misérable peau était donnée pour rien ; mais impossible de remuer sous la main de fer du Moyen-âge ! En face de la royauté et de ses priviléges, commençait ainsi à se dresser le sentiment démocratique, l'idée républicaine qui, chaque jour, devait s'étendre, grandir et se fortifier, et sortir comme un coup de foudre de la formidable explosion de 1789, pour apparaître enfin à la vieille Europe monarchique, surprise et étonnée d'une pareille nouveauté.

Pour se rendre compte de ce mouvement latent qui se faisait dans les esprits, il suffit de se reporter aux ordonnances des Etats-Généraux de 1355 et 1356, après le désastre de Poitiers. On demeure confondu de retrouver en plein quatorzième siècle

les notions de nos gouvernements représentatifs modernes.
Mais ces innovations d'Etienne Marcel, de Robert Lecoq et de
quelques bons bourgeois de l'époque, arrivaient avant l'heure,
et ne pouvaient être considérées, au milieu des préjugés de leur
siècle, que comme des utopies malsaines, sorties de cerveaux
surexcités par les malheurs de la patrie et un excès de souffrance.

Cet effort demeura donc vain, mais les idées émises par ces
hommes énergiques ne furent pas perdues ; recueillies et médi-
tées par les générations suivantes, elles trouvèrent, à la Révolution, un terrain tout préparé à recevoir les grands changements
politiques, et assez solide, cette fois, pour asseoir d'une manière
durable la nouvelle constitution de la France, c'est-à-dire la
souveraineté nationale primant le droit divin.

En vain, depuis ce moment, la royauté essaie-t-elle de sauver
du naufrage le droit héréditaire. Trois dynasties, en quatre-
vingts ans, ont démontré le néant de ces tentatives. Comment
voulez-vous qu'un trône puisse résister à cette diffusion de la
souveraineté qui n'a fait que s'étendre depuis des siècles pour
en imprégner de nos jours jusqu'à cette dernière couche sociale,
j'entends cette classe laborieuse et rangée des travailleurs qui
a conquis sa part légitime de contrôle, et non, comme on
pourrait l'insinuer, certaine phalange de déclassés qui ne peut
s'arranger d'aucune loi, d'aucun ordre établi, et que l'on retrouve
sous tous les régimes, et même sous les monarchies, avec des
convoitises plus ardentes ; triste cohorte qui a juré haine et
guerre à la société, et contre laquelle tous les gouvernements
doivent toujours être armés. Son état d'insurrection permanente
contre les lois établies la met forcément hors du droit commun,
et, par suite, de l'élément véritablement démocratique, d'où
émane toute loi.

Ainsi, pour résumer : la féodalité écrasée, les grands vassaux
transformés en courtisans plus grands encore, il ne reste que le
roi et la cour : c'était toute la France. Le duc de Saint-Simon
ne le comprenait pas autrement, et disait dans ses Mémoires :
« toute la France » en parlant de Versailles. Cette petite France,

un beau matin, se trouve absorbée par une France beaucoup plus grande : le tiers-état, la haute bourgeoisie, et maintenant les deux ensemble, quoi qu'on dise ou qu'on fasse, sont en train de fusionner, en gardant chacun ses qualités et ses mérites, avec l'élément populaire, l'élément démocratique, dont on dénature à tort la véritable physionomie pour en faire un objet d'effroi à l'adresse des hommes pusillanimes, tandis qu'en réalité la démocratie n'est que le faisceau de toutes les forces vives et intelligentes de la nation, dans quelque condition qu'on les prenne, et qui, appliquées à toutes les branches de l'activité humaine, font jaillir, chaque jour, par un labeur incessant, les sources infinies de notre fortune et de notre prospérité nationale.

Intéressée directement au maintien de l'ordre et de la paix, qui assurent au travail le calme et la sécurité dont il a besoin, et ayant appris, à ses dépens, que les fautes de ses gouvernants retombent toujours sur elle d'un poids de plus en plus lourd, la Démocratie a revendiqué dans les affaires publiques une part effective de contrôle, et il ne reste qu'à dire aux incrédules, aux sceptiques de la Monarchie, comme jadis à l'apôtre Thomas : Voyez ces mains, ce n'est plus seulement l'outil de la production qu'elles tiennent, mais véritablement le sceptre, puisque chacun, par son vote, est devenu l'arbitre des destinées de son pays et peut en préparer la grandeur en maniant avec sagesse et habileté cet instrument politique. C'est donc pour assurer un emploi judicieux de ce nouveau droit, qu'il est nécessaire de répandre dans les masses tous les enseignements utiles à les éclairer et à aider au relèvement moral de la France.

Après ces preuves palpables du développement et de l'accroissement de l'autorité souveraine dans les mains du peuple, dira-t-on que ce sont là les symptômes d'une nation monarchique jusqu'à la moëlle des os. Ne semble-t-elle pas plutôt saturée de républicanisme, et n'est-il pas évident que la couronne, du jour ou elle a brisé dans l'aristocratie, dans la puissance des barons, la seule digue qui eût pu la protéger contre le flot populaire, a préparé de ses propres mains sa ruine et qu'elle a vu ses prérogatives s'en aller une à une, et qu'aujourd'hui l'hérédité elle-même est battue en brèche et demeure comme un non sens en face du suffrage universel, cette institution vitale de la République. Pour être possible, l'hérédité entraîne fatalement ou la suppression, ou, ce qui est pire encore, la corruption du suffrage universel, et alors il faut avoir le courage de déclarer que cette suppression sera le don de joyeux avènement de la prochaine Restauration.

De l'ensemble de cet exposé succint, n'est-on pas amené à déplorer l'aveuglement des partis à poursuivre encore un rêve irréalisable et à compromettre, par une obstination imprudente, la fortune de leur pays, peut-être même la leur ?

Et maintenant, à ceux qui conservent encore l'espoir de rétablir sur le trône l'héritier de tant de Rois, qu'un long exil noblement supporté a rendu digne de toutes les sympathies et de tous les respects dus à l'honnête et dernier représentant d'un passé qui eut aussi ses jours de grandeur, nous dirons simplement : pourquoi, à l'heure la plus propice, alors que vous aviez la majorité à la Chambre, n'avez vous pas osé prendre une décision ? N'était-ce pas qu'en vous-même vous sentiez bien que l'opinion publique ne vous suivrait pas et vous condamnerait ?

Et, en admettant même que vous eussiez eu cette imprudence, qu'eussiez-vous fait de votre victoire, puisque les trois partis qui formaient la coalition monarchique, unis sur le principe, sur le but, étaient divisés sur l'application, sur l'héritier présomptif. La seule occasion favorable que vous ayez eue, ne se représentera plus, soyez-en certain. Sur quel prodige comptez-vous désormais ? On le dit assez haut : Vous n'attendez plus que l'heure des résolutions viriles ! Qu'entendez-vous par ces termes ? s'agirait-il d'un coup de force ? d'un coup d'Etat ? L'avenir seul peut nous l'apprendre ; mais nous allons discuter cette éventualité terrible. En généralisant, nous comprendrons par coups d'Etat, toute insurrection armée contre la Loi, soit qu'elle émane du pouvoir lui-même, ou qu'elle soit provoquée par les gouvernés.

LES COUPS D'ÉTAT

Ce titre seul fait passer devant mes yeux un nuage de sang, d'horreurs, d'infamies et de honte ! D'un mot, César faisait rentrer dans l'obéissance ses légions indisciplinées : *Quirites !* Pour maintenir les Bretons dans le devoir ne suffirait-il pas aussi de leur rappeler leur noble devise : *potius mori quam fœdari ?* Voilà donc où en sont réduits aujourd'hui les partis. La République s'impose avec une telle force, une telle autorité, que pour entretenir une dernière illusion ils n'attendent plus que d'un coup d'Etat ou d'un miracle, la réalisation de leurs vaines espérances ! Ne pouvant obtenir par la persuasion, par les voies légales, ce qu'ils désirent, ils ne songent qu'à en appeler aux résolutions viriles, autrement dit, à la violence, à la force brutale.

Dès l'instant que la Loi, expression de la volonté souveraine, n'est plus qu'un obstacle à leurs vœux impatients, il s'imaginent pouvoir la fouler impunément aux pieds.

Ainsi, désormais la force prime le droit, et afin de préparer les esprits à la trahison la plus odieuse qui fût jamais, on n'hésitera pas à souffler comme à plaisir l'indiscipline et la révolte ; que dis-je, à faire l'apologie du crime ! Car, qu'est-ce donc qu'un coup d'Etat ?

Faut-il avoir assez torturé la conscience pour qu'elle considère comme une œuvre pie et méritoire un attentat de lèse-nation, tandis qu'au contraire elle met au rang des forfaits les plus exécrables les attentats de lèse-Majesté ! Ah ! c'est que naturellement chacun plaide pour son saint ; malheur donc et anathème à ceux qui touchent aux oints du Seigneur ; le Roi est tout, la nation, rien ! Le peuple n'est qu'un immense troupeau dont la laine sert à tisser la pourpre, et qu'importe quelques moutons égorgés pour filer le manteau du sacre ! mais la morale publique, qui n'admet pas ces distinctions subtiles, n'a qu'une voix pour flétrir ces accommodements de conscience pour lesquels la morale de certaines coteries a tant d'indulgence.

Ainsi, ennuyés d'attendre le Roi, ne pouvant d'ailleurs avoir légalement raison de la République, et pressés de donner à la France un bonheur qu'elle refuse, les partisans du Trône en arriveraient à trouver très-naturel et très-honnête d'ouvrir le chemin au Roi à coups de mitraille et baïonnettes en avant.

Dans quel abaissement moral sommes-nous donc tombés? Par quelle servitude, par quelle corruption avons-nous donc passé pour ne plus distinguer entre le bien et le mal, pour en arriver à préconiser le crime !

Je dis le crime, car si un homme soutenu par quelques mille chassepots, je suppose, peut, en toute tranquillité d'âme, mettre en pièces la Constitution, la loi fondamentale de son pays, en se livrant pendant quelques jours aux ébats d'un massacre, il n'y a pas alors de raison pour qu'un seul, se sentant le bras assez solide et sûr, n'essaie la même entreprise, et alors nous arrivons à la réhabilitation de l'assassinat politique. C'est horrible !

Enfin, admettons au pire le succès momentané d'un coup d'Etat que rien aujourd'hui ne fait cependant redouter. Admettons que la force prime le droit ; dès ce jour, n'est-il pas logique que chacun sera fondé à se dire opprimé et à se mettre en insurrection permanente contre le pouvoir usurpateur ? et dans ces conditions, où est la garantie pour l'avenir ; où est la sécurité pour la société ? La raison du plus fort, bonne ou mauvaise, fera toujours loi.

En vain, invoquerez-vous les précédents pour démontrer que les coups d'Etat ont été absous par le suffrage universel. Aucun verdict, obtenu par la pression et l'intimidation, ne saurait prévaloir contre le cri de la conscience outragée ; et l'oubli accordé au coupable ne peut modifier la nature du crime ni en atténuer la responsabilité.

De pareils attentats n'ont servi, au contraire, qu'à pervertir le sens moral ; et la preuve, c'est qu'aujourd'hui cet expédient abominable n'est pas loin de paraître simple et naturel à ceux-là même qui affichent le plus de prétention à l'honnêteté et à la vertu.

Chose plus inouïe encore : se flatteraient-ils de faire accepter ces théories perverses à des hommes, à des soldats, qui, mieux encore que sur leurs drapeaux, ont inscrit dans leur cœur la devise sublime qui leur commande la loyauté, la fidélité à l'Honneur et à la Patrie !

Leur feraient-ils la cruelle injure de les croire capables de trahison ? Impassibles égoïstes qui ne reculez pas devant les malheurs qui viendraient fondre sur notre pays à la suite d'un pareil forfait, ne craindriez-vous pas de voir se retourner contre vous les armes que vous voudriez employer au renversement du gouvernement établi, au renversement des institutions les plus sacrées !

Direz-vous à ces soldats, à ces citoyens, pour les gagner à vos projets factieux, que le prétendant est un homme exceptionnel, providentiel, qui, le coup réussi, saura mériter toutes les sympathies, et qu'il y a par conséquent honneur, gloire... et profit à lui prêter tout concours. Pour mettre leur conscience à l'aise, leur direz-vous aussi qu'il est juste que quelques-uns périssent pour assurer le bonheur du plus grand nombre, et qu'on ne doit pas reculer devant un mal passager et relativement insignifiant, quand, après, doit en résulter pour un peuple un bonheur sans mélange et une prospérité sans fin, et autres sophismes d'une morale perfectionnée, je veux dire pervertie !

O anachronisme ! hommes oublieux de leur temps ! Mais ils vous répondraient avec raison que vous vous trompez grossièrement de date ; que le temps de Monck est passé, que le suffrage universel, qui n'existait pas à cette époque, est aujourd'hui la base même du pouvoir ; que la Providence semble indifférente à une restauration monarchique et ne se hâte pas de sonner l'heure de Dieu !

Autrefois, le suffrage universel n'existait pas, on pouvait facilement prendre une couronne. Il n'y avait qu'un palais entouré d'une ou plusieurs coteries, et au-dessous la masse du peuple tenue à dessein à l'écart des affaires, et par suite indifférente aux intrigues des courtisans et aux révolutions du palais.

Mais, aujourd'hui, ce n'est plus cela. La classe dirigeante et le palais ont été absorbés par la nation, devenue maîtresse de ses destinées, et le suffrage universel est son moyen d'affirmer sa volonté ; désormais il faut compter avec cette force, cette puissance redoutable que l'on appelle l'opinion publique.

Certes, on a vu dans l'Histoire le crime quelquefois triomphant ; oui, on peut abuser un peuple pour un temps ; mais toujours la morale et la justice finissent par reprendre leur droit, et elles jugent et flétrissent à tout jamais, comme ils le méritent, les conspirateurs et les coups d'État !

H. LE JANNIC DE KERVIZAL.